AF223480

MÉMOIRE

ADRESSÉ PAR

LE CONSEIL DES DÉLÉGUÉS DES COLONIES

AUX MINISTRES DU ROI,

SUR

LA QUESTION DES SUCRES

ET

SUR LA CRISE IMMINENTE

DONT ELLE MENACE LES PORTS ET LES COLONIES.

PARIS,

TYPOGRAPHIE DE FIRMIN DIDOT FRÈRES,
IMPRIMEURS DE L'INSTITUT, RUE JACOB 56.

1842.

MÉMOIRE

ADRESSÉ PAR

LE CONSEIL DES DÉLÉGUÉS DES COLONIES

AUX MINISTRES DU ROI,

SUR

LA QUESTION DES SUCRES

ET

SUR LA CRISE IMMINENTE

DONT ELLE MENACE LES PORTS ET LES COLONIES.

Dans la situation fatale où sont jetés nos établissements d'outre-mer, par l'absence de toute mesure de salut, au moment le plus désastreux pour leur principale industrie, la production des sucres, le Conseil des délégués des colonies croit devoir appeler de nouveau l'attention du gouvernement sur les faits accomplis; il doit surtout insister sur les faits qui vont se développer, avec des ruines effrayantes et prochaines, pour les ports de la métropole et sa marine commerçante, ainsi que pour les colonies.

Plus que jamais le Conseil des délégués invoque le retour aux principes établis par la métropole

I.

elle-même, dans l'intention de fixer, d'après des vues de prospérité mutuelle, ses rapports commerciaux avec nos possessions transatlantiques.

La mère patrie a voulu que ses colonies apportassent intégralement sur le marché français leurs produits essentiels, le sucre, le café, les épices, etc.

La mère patrie a voulu, de plus, que ses colonies demandassent à son propre marché tous les produits d'agriculture et tous les produits d'industrie nécessaires à leur existence.

A ces conditions, la mère patrie a garanti la préférence et le placement sur son marché pour les produits coloniaux.

Cette réciprocité de garanties et de préférences constituait la loi commerciale des colonies, et l'engagement imposé par l'intérêt de la métropole, accepté par l'obéissance des colons, connu sous le nom de *Pacte colonial.*

Une telle combinaison n'était pas étroite et vulgaire ; elle n'était pas, comme on l'a prétendu plus tard, l'enfance des théories de gouvernement et de commerce.

L'immortel Montesquieu l'a sanctionnée par de justes éloges, dans son grand ouvrage de l'Esprit des lois.

C'est à ce système que nos colonies des Antilles ont dû leur prospérité, si justement célèbre, avant la première révolution française.

Grâce à ce système, celles de nos colonies que n'avaient pas soustraites à nos lois les insurrections, les rébellions démagogiques, ces colonies ont dû leur renaissance et les progrès, si dignes d'admi-

ration, accomplis depuis la paix générale, en 1814,
jusqu'à la révolution de 1830.

Mais, avant cette dernière époque, le gouvernement, par une funeste imprudence, oubliant les principes tutélaires du pacte colonial, préparait à nos
colonies des maux infinis; il se préparait à lui-même
des embarras chaque jour plus épineux, et des pertes
de plus en plus grandes pour le trésor national.

Lorsque Napoléon conçut la pensée d'interdire
à l'Angleterre le commerce de l'ancien monde,
dont il prononçait le blocus, il espéra que la science
moderne aurait la puissance de donner aux cli-
mats du Nord les produits mêmes de la zone tor-
ride. Il ne s'arrêta pas un moment à l'idée, au
scrupule de savoir à quel prix cette conquête
pourrait être obtenue.

La paix générale survint : elle trouva la culture
de la betterave, essayée à grands frais, resserrée
néanmoins dans le cercle le plus étroit, et réduite
encore à l'état de curiosité scientifique.

Un impôt énorme, de 50 francs par quintal métrique, accablant sans délai le sucre colonial,
permit que les fabriques de sucre indigène, *af-
franchies de tout impôt*, se développassent chaque
année davantage, mais par degrés assez lents pour
ne pas influer d'abord sur les prix du marché
français.

C'est en 1828 seulement que le ministère prit
l'alarme, non point dans l'intérêt des colonies,
mais dans l'intérêt du trésor.

Il fit une enquête uniquement pour prendre
patience; il lui parut suffisant d'annoncer aux

sucriers de betterave que leurs produits étaient *susceptibles* d'être imposés.

Les sucriers betteravistes, loin d'être intimidés, furent stimulés par une déclaration qui n'était pas suivie d'effet, et dont, à leurs yeux, il importait beaucoup de devancer les conséquences : ainsi firent-ils. En six ans, ils avaient *quintuplé* leur production; en huit ans, ils l'avaient *vingtuplée* !.... et la perte annuelle du trésor public atteignait le chiffre énorme de vingt millions, par les monstrueux effets d'une taxation, excessive d'une part, et nulle de l'autre.

Le mal arrivant à son comble, les colonies se voyaient enlever une immense portion de l'approvisionnement métropolitain, par un produit similaire, objet d'une prédilection aveugle et si funeste aux intérêts du revenu national.

Et pour permettre un résultat si déplorable, la mère patrie oubliait, dédaignait les conditions réciproques et l'équité du pacte colonial, dont le but évident avait été d'assurer, aux produits de nos planteurs d'outre-mer, la vente intégrale sur le marché métropolitain, à des conditions possibles sans ruine.

Les Chambres n'ont pas eu plus de mémoire. Elles n'ont voté que peu à peu, lentement, et comme à contre-cœur, la taxation du sucre indigène; parce qu'on la leur présentait, avant tout, comme une ressource fiscale, et non comme un retour à la fidélité vers le pacte colonial, fidélité qu'il fallait revendiquer sans cesse, au nom des plus grands intérêts de la métropole elle-même.

C'est en 1840 seulement, au milieu du troisième débat législatif sur la taxation du sucre indigène, qu'un ancien ministre des finances, M. Lacave Laplagne, cherchant le meilleur moyen de mettre un terme à des difficultés inextricables, à des pertes toujours croissantes pour le trésor, pour la marine et pour les colonies, eut le courage de proposer, comme remède unique et complet, la cessation des sucreries de betterave, et leur rachat avec indemnité.

Malgré tous les efforts que fit le chef du cabinet de cette époque, une minorité considérable vint prêter sa force à la proposition hardie et salutaire surgie tout à coup des débats.

Depuis, cette idée a fait des progrès, même chez les sucriers indigènes.

Les discussions de 1840 avaient posé, comme principe d'avenir prochain, l'égalité des taxes entre les sucres de canne et de betterave.

L'industrie métropolitaine a fini par s'avouer que l'espoir de soutenir, à termes égaux, la concurrence avec le produit des tropiques, était un leurre et pour elle et pour le pays.

La seule perspective de subir prochainement l'égalité de l'impôt, fit adopter par la majorité des sucriers indigènes l'idée de renoncer à leur industrie ; cette majorité, placée dans des conditions mauvaises de localité, de production, de transports et de combustible, cette majorité vit sa ruine imminente, opérée, non plus par la concurrence des colonies comme elle agonisantes, mais par la concurrence des fabricants privilégiés de quelques cantons du Nord, situés à proximité de la houille et des canaux.

Tel était l'état des choses dans l'été, dans l'automne de 1841.

L'universalité des souffrances exigeait des remèdes qui ne fussent plus, comme les précédents, temporaires, inefficaces, illusoires.

La proposition de M. Laçave Laplagne revint plus que jamais au souvenir du gouvernement; les ministères du commerce, des finances et de la marine, y découvrirent la seule solution décisive et salutaire.

Dans l'accroissement de revenu qui devait s'ensuivre, M. le ministre des finances constata le seul moyen *de combler le déficit, et d'assurer pour l'avenir l'équilibre des recettes et des dépenses.*

Jusqu'à ces derniers temps, tout faisait espérer que, les enquêtes finies, et le conseil supérieur du commerce ayant prononcé le rachat avec indemnité, pour les sucreries de betterave, le gouvernement présenterait la loi positivement annoncée en soumettant le budget à la chambre des députés.

Nous avons été tristement déçus par cette révélation soudaine, que le projet de loi qui devait donner une solution définitive sur la question des sucres, ne serait pas présenté dans la session actuelle.

Nous ne sommes pas pessimistes. Nous ne voulons pas prêter à plaisir au gouvernement des intentions hostiles aux productions des colonies: loin de là.

En répondant aux interpellations adressées par les députés des ports, M. le ministre des affaires étrangères s'est efforcé de faire goûter la pensée que le délai préféré par le gouvernement à la présentation immédiate, était motivé par la seule appréhension de ne pas obtenir une solution *favorable* aux intérêts maritimes et coloniaux.

Nous croyons que le Cabinet a trop humblement présumé de ses forces et de la raison publique, même au sein des Chambres. Nous croyons qu'il n'a pas assez fait la part de l'influence irrésistible des plus puissants orateurs du ministère, de la majorité des ports, et des deux oppositions; orateurs qui ralliaient leurs efforts, afin de soutenir une mesure législative que la saine politique, l'intérêt pressant du trésor, celui de la force navale et du commerce maritime, réclamaient de concert, pour défendre le droit des colonies, et les sauver de la ruine.

Quoi qu'il en soit, il deviendrait puéril à présent de disserter, de récriminer sur l'issue présumable d'une lutte désertée avant de la tenter : c'est un fait tristement irrévocable : la loi des sucres ne sera pas présentée aux Chambres avant la fin de cette session !

Il y a plus : le gouvernement n'a rien dit sur le système de la loi dont il diffère ainsi la présentation.

N'avons-nous pas à redouter que la solution votée par le Conseil supérieur du commerce; souhaitée, défendue par les ministres, si compétents et si sages, du commerce, des finances, de la marine et de l'intérieur; qu'une solution justement appréciée dans ses avantages par plusieurs autres ministres, ne soit remise en question et résolue d'après d'autres principes, lors de la session prochaine?

Nous rappellerons ici que les colonies et leurs représentants n'ont pas pris l'initiative pour des mesures qu'ils étaient en droit de réclamer : leur modération s'est laissé devancer jusque dans les exigences de leur propre salut.

C'est, nous le répétons, un ancien ministre des finances, qui le premier a demandé qu'on revînt fidèlement et complétement au pacte colonial, par l'interdiction des sucreries de betterave.

C'est l'immense majorité des sucriers indigènes qui s'est ensuite prononcée spontanément pour l'abandon avec rachat de leur industrie. Sans doute, la minorité voudrait continuer ses travaux, mais sous condition de faveurs et d'immunités ; elle a déclaré qu'elle ne croirait pouvoir subsister que dans le cas où le gouvernement maintiendrait l'énormité de la surtaxe par laquelle, en ce môment, sont écrasées les cultures coloniales.

D'un autre côté, les juges impartiaux, ceux qui se trouvent en dehors des intérêts en conflit, déclarent qu'on ne pourrait moins faire, à l'égard des colonies, que d'établir l'égalité des taxes sur les deux sucres français de canne et de betterave.

Quelques personnes seulement voulaient arriver en cinq ou six ans, à cette égalité de taxes ; le plus grand nombre voudrait qu'on l'établît sur-le-champ.

Mais en rejetant l'un ou l'autre parti, l'universalité des fabricants de betterave repousse cette justice, ou soudaine ou tardive. Ils ne veulent pas exister sans privilége; ils affirment ne pouvoir vivre qu'aux dépens du trésor public; ils prétendent que l'égalité des droits, c'est l'interdiction d'une industrie à laquelle la nature des choses refuse la parité des conditions.

Ainsi la production la plus coûteuse cherche son titre à la conservation dans les sacrifices mêmes qui seraient indispensables pour maintenir son existence artificielle. Elle veut vivre aux frais des finances de l'État, parce qu'elle est inévitablement onéreuse : c'est sa condition de prospérité.

Mais l'égalité des droits, telle que la conçoivent les priviligiés qui la repoussent, ce ne serait encore qu'*une égalité mensongère*, en contradiction flagrante avec les lois consacrées à la prospérité du commerce maritime, à la fécondation des pépinières de notre force navale.

Posons ici nettement une grande question gouvernementale : l'égalité des droits, telle qu'on l'entend, c'est-à-dire l'égalité des droits sur le marché métropolitain, cette égalité fût-elle possible, fût-elle acceptée des producteurs de sucre indigène, l'État devrait-il s'en contenter et l'accepter?

Si la ruine immédiate ou prochaine de la totalité des sucreries de betterave devait en être la conséquence, une telle solution ne serait en réalité que l'*interdiction sans indemnité*.

Nous ne pouvons pas souhaiter cette ruine sans compensation, infligée à des industriels qui périraient victimes des encouragements, des excitations que l'imprévoyance du gouvernement leur a si longtemps prodigués.

C'est par un sentiment favorable aux Français aventurés aujourd'hui dans l'industrie du sucre de betterave, que nous préférons pour eux, à l'interdiction de fait avec ruine, l'interdiction de droit avec juste indemnité.

Les fabricants de sucre indigène qui seraient entraînés dans une faillite commune, produiraient un contre-coup funeste dans une foule d'autres industries, et causeraient à leur tour beaucoup d'autres banqueroutes.

En définitive, les citoyens de toutes les classes, dans la métropole, perdraient infiniment moins en payant une indemnité qui ne représenterait pas deux millions de rente cinq pour cent, pour obtenir du sucre exotique un revenu croissant, à l'instant même, de quinze à vingt millions.

Voilà l'avantage gouvernemental, sous le simple point de vue pécuniaire.

Il est un autre point de vue, qui chaque année est plus apprécié du patriotisme français : c'est le point de vue de la force navale.

La France ne veut pas être ce que certains hommes d'État et certains maîtres d'économie impolitique osaient lui conseiller jusqu'à ces derniers temps; elle ne veut pas être une puissance navale insignifiante; elle veut avoir sur les mers au moins le second rang; et, par ses alliances avec d'autres puissances navales, elle veut pouvoir au besoin disputer le premier rang contre quiconque opprimerait le commerce de l'univers.

C'est dans cette pensée que, même après avoir abandonné le système ruineux des primes, elle a pourtant fait exception en conservant la prime des grandes pêches, comme une pépinière de marins propres à sa flotte.

C'est dans la même pensée que la France, à l'égard du sucre, doit revenir au pacte colonial, exécuté dans toute sa sincérité.

Si les colons et les sucriers de betterave pouvaient produire au même prix, les premiers dans les îles, les seconds en France, ni les uns ni les autres n'auraient à se plaindre, en supposant qu'on leur donnât l'égalité des droits de douane et sur les produits définitifs et sur les matières premières, avec la même faculté d'exportation directe, aux uns de France, aux autres des colonies.

Cette solution extrême, non-seulement les colonies l'accepteraient, si la vente complète à prix non ruineux leur était interdite sur le marché métropolitain, mais elles l'invoqueraient, elles l'invoqueront, elles l'invoquent à présent même, si l'on peut pencher un moment à conserver la situation impolitique, inique et mortelle, où se trouve aujourd'hui placée l'industrie du sucre colonial.

Mais le gouvernement! le gouvernement qui veut maintenir, qui veut accroître sa force navale; le gouvernement qui, pour se ménager des matelots, favorise par des droits différentiels la navigation marchande; le gouvernement qui, dans le même dessein, donne chaque année plusieurs millions *à titre de prime* pour encourager la navigation des grandes pêches; que ferait le gouvernement en consacrant comme solution définitive, *l'égalité des droits, sur le marché métropolitain, entre les deux sucres de canne et de betterave?*

Commençons par bien établir la différence entre ce qu'on entend par égalité des droits, et l'égalité réelle, telle que peut la réclamer une justice impartiale.

Tous les produits d'agriculture et d'industrie nationale, nécessaires au producteur de sucre de betterave, il les trouve autour de lui.

Les mêmes produits, nécessaires au producteur de sucre colonial, céréales, farines, vins, huiles, fers, tissus, etc., il est obligé de venir les chercher en France ; il est obligé de payer leur transport maritime depuis dix-huit cents jusqu'à quatre mille lieues, suivant la situation de nos établissements d'outre-mer.

Ainsi, pour les colons, tous les objets *sans exception*, d'achat et de vente, avec la métropole, sont inévitablement grevés des frais d'une longue et double navigation, d'autant plus coûteuse qu'elle est réservée exclusivement aux navigateurs français.

Voilà la double série de surcharges qu'il **faut** faire entrer en compte, pour régler l'égalité réelle des droits.

Si donc le gouvernement adoptait l'égalité pure et simple des droits à percevoir, sur le marché français, entre les deux sucres :

Il déclarerait qu'il défavorise le sucre colonial, de toutes les sommes que coûtent le transport par mer et la dépense des ports jusqu'à sortie des entrepôts, avant que ce produit soit mis en consommation sur les marchés français ;

Il déclarerait, par cela même, qu'il défavorise les armements et la navigation coloniale, de toute la différence de prix que cette navigation établit au détriment du sucre français d'outre-mer, pour les dix-huit cents lieues, pour les deux mille lieues et pour les quatre mille lieues qui séparent nos colonies de la métropole.

En définitive, par une inconséquence monstrueuse, l'État persisterait à maintenir quatre navigations établies sur des principes *opposés*, pour arriver à des résultats contradictoires :

La navigation du cabotage, réservée sans exception aux marins français ;

La navigation avec l'étranger, favorisée par des droits moindres sur les navires de la France que sur ceux des autres contrées ;

La navigation des grandes pêches, exclusivement nationale, et favorisée par des primes généreuses ;

Enfin, la navigation des colonies, défavorisée, écrasée de fait, en établissant toutes ses dépenses comme une surtaxe au sucre de canne, qui ne trouverait l'égalité des droits, en France, qu'après avoir acquitté, sur le coût de la production, toutes les dépenses de la navigation.

Nous ne craignons pas de le dire : un gouvernement qui consacrerait comme état définitif, cet art de favoriser d'une main et de défavoriser de l'autre sa navigation marchande, serait le plus inconséquent de tous les régimes.

Pour que le gouvernement ne fît rien, ni pour ni contre la navigation des colonies, il faudrait qu'il égalisât les droits, *tous frais de navigation défalqués*.

Alors encore, il resterait cette anomalie criante

que, des quatre navigations commerciales, trois seraient favorisées, la première, par le privilége absolu, la seconde par des droits différentiels, la troisième par des primes, et la quatrième par l'absence pure et simple *de toute défaveur fiscale.*

Nous avions besoin de poser de la sorte une grande question d'intérêt national sur son véritable terrain.

Qu'on n'accuse pas les colonies d'égoïsme. Ne veut-on que les laisser à elles-mêmes, les abandonner à leur sort bon ou mauvais, qu'on le fasse sans réserve, sans détour, en ne maintenant pas, comme une fiction mensongère et ruineuse, un simulacre de pacte colonial.

Veut-on, au contraire, consulter l'intérêt de la mère patrie? *met-on quelque prix à sa force navale,* à deux cent mille tonneaux de transports directs, avec cinquante mille tonneaux de transports indirects et de circuit, sans compter l'accroissement rapide qu'amènerait bientôt un retour aux vrais principes? alors, il faut qu'on restitue sans fictions, sans mécomptes, et sans sources de détriment, au sucre colonial, le marché de la métropole.

Alors vous trouverez dans les colonies tant de vitalité, dans leur climat tant de puissance, dans les Français qui les habitent tant de dévouement, de courage et d'activité, que, du milieu de leurs désastres, vous les verrez se relever. Au lieu des cinquante millions de produits annuels qu'elles demandent à l'agriculture métropolitaine, aux manufactures métropolitaines, elles demanderont dans un court espace de temps pour soixante millions, pour soixante-dix, pour quatre-vingts millions de produits français.

Voilà la vérité d'un avenir possible, prochain, évident, tel qu'il apparaît aux hommes dont la raison froide et calme est le plus accoutumée à se défendre de toute illusion.

Les motifs que nous présentons ici sont si puissants, qu'ils nous permettent à peine de supposer que le gouvernement ne les fasse pas triompher par la loi définitive qu'il a voulu différer jusqu'au commencement de la session prochaine.

Mais, avant cette époque qui nous rejette à l'hiver suivant, *des malheurs immenses menacent le commerce maritime et les colonies.*

En différant de présenter sa loi, le ministère a pris sur lui toute la responsabilité de ces malheurs : il doit donc apporter l'attention la plus profonde à l'examen des dangers que nous allons signaler.

Une longue enquête achevée sur la question des sucres, et le Conseil supérieur du commerce, unanime contre le *statu quo*, s'étant prononcé pour une solution salutaire, le commerce maritime avait droit de penser que la loi si désirée allait, sans plus de retard, être présentée à la chambre des députés : tout à coup l'annonce de la non présentation a renversé les espérances; elle a déjoué la prudence, le bon calcul et la sagesse des maisons les plus respectables.

Moins cette résolution pouvait être prévue, plus elle porte un coup funeste aux grands intérêts maritimes et coloniaux engagés dans la production et la vente des sucres.

Le seul espoir d'obtenir une mesure législative, qui mît un terme à des souffrances excessives, avait sensiblement relevé le prix des sucres : aussitôt l'esprit de sophisme, ardent à nuire, s'en était fait un argument contre la nécessité de cette mesure.

Depuis la première convocation des conseils généraux industriels, jusqu'au prononcé du Conseil supérieur du commerce, les prix s'étaient relevés dans nos ports de 52 à 63 fr. le demi-quintal métrique de sucre bonne quatrième.

Peu de jours ont suffi pour que la moitié de cet accroissement ait disparu !

Depuis que la décision négative du ministère est connue, les prix sont déjà retombés plus bas que 58 et 57 fr.; ils ne se sont un moment soutenus qu'à raison des longs vents du nord-est qui s'opposent aux grands arrivages incessamment attendus.

De tels prix correspondent à 18 et 17 francs dans les Antilles, c'est-à-dire aux deux tiers du revient jugé nécessaire pour que le colon continue ses cultures.

Mais cette baisse, déjà si désastreuse, et qui seule réclamerait des mesures immédiates, elle ne peut pas s'arrêter à ce degré d'avilissement.

Ici nous appelons l'attention la plus sérieuse de messieurs les ministres.

Des pertes sont imminentes, et d'autant plus déplorables, qu'elles vont porter en presque totalité du côté qui, jusqu'à ce jour, a le plus souffert : du côté des colonies.

Les sucriers de betterave ont en leur faveur une chance certaine, qu'on s'est bien gardé de prendre en considération lorsqu'on a parlé de mettre les taxes en équilibre. Les trois quarts de leurs produits sont offerts au marché français, depuis la fin d'octoBre jusqu'en mars, dans la morte saison des arrivages coloniaux, c'est-à-dire à l'époque où les prix ont, par la rareté même des arrivages, une tendance à se relever qu'on observe chaque année. Ainsi, sur 27 millions de kilogrammes, qui sont ou seront extraits des betteraves dans la campagne de 1841-42, en y joignant à peu près 5 millions restés en fabrique à la fin de la campagne précédente, il n'en reste plus à présenter au consommateur qu'un peu plus de *dix millions*.

Maintenant on sera frappé de la situation suivante du marché métropolitain, depuis le moment actuel jusqu'à l'époque la plus rapprochée où l'on puisse espérer la convocation de la nouvelle législature.

Résumé général des sucres à consommer, qui seront offerts sur le marché français, du 1er avril au 1er novembre (7 mois).

1º Sucre indigène (1),	13,000,000 k.
2º Sucre colonial en entrepôt,	15,000,000
3º Idem, arrivant des colonies,	71,500,000
	99,500,000

Consommation des sept mois, à raison de huit millions de kilogram-

(1) Cet approvisionnement comprend trois mois de fabrication, de la nouvelle saison jusqu'à la fin d'octobre.

mes par mois (moyenne de 1841), 56,000,000

Reste en entrepôt au 1er novembre 1842,   43,500,000

Voilà donc en sept mois la quantité des sucres disponibles pour la consommation PRESQUE TRIPLÉE.

Afin de montrer les progrès du mal sous la forme la plus simple et la plus rapide, nous allons calculer par accroissements égaux l'accumulation des sucres à vendre sur le marché français, du 1er avril au 1er novembre.

ACCUMULATION DES SUCRES FRANÇAIS SUR LE MARCHÉ MÉTROPOLITAIN.

Dernier jour de chaque mois.	Kilogrammes.
Avril,	18,080,000
Mai,	23,150,000
Juin,	26,220,000
Juillet,	32,290,000
Août,	34,360,000
Septembre,	38,430,000
Octobre,	43,500,000 (1)

(1) Nous sommes les premiers à faire remarquer que nous n'entendons pas annoncer pour chaque mois cette régularité mathématique des arrivages propre à donner un accroissement toujours égal des sucres entreposés à la fin de chaque mois. Il se pourra, par exemple, qu'au premier mai l'encombrement soit un peu plus fort que dans le tableau ci-dessus, pour être un peu moindre en juin ou en juillet, etc. Ces variations, inévitables et légères, ne peuvent détruire les conséquences frappantes qui résultent de nos calculs, établis d'après la connaissance que nous avons de la récolte actuelle des colonies.

Afin de fixer les idées du gouvernement sur le résultat effrayant d'une semblable accumulation de produits invendus, il nous suffira de dire qu'à la fin d'octobre de l'année précédente, les sucres en entrepôt ne s'élevaient qu'à 28,604,883 kilogrammes, et le sucre de betterave, offert à la vente, à la fin d'octobre, ne s'élevait pas à 3 millions de kilogrammes. Néanmoins, à cette époque, les sucres ne valaient dans nos ports que 52 francs, c'est-à-dire le prix le plus bas auquel ils soient jamais descendus (Document publié par M. le ministre de l'agriculture et du commerce, pour la session des trois conseils généraux d'agriculture, du commerce et des manufactures, page 28).

L'année dernière, au mois d'avril, les sucres valaient au Havre 63 francs les 50 kilogrammes; ils ne valent *aujourd'hui* que 55 francs, ou plutôt ils sont sans valeur; la peur a paralysé les affaires; *le marché est mort;* et nous ne sommes qu'au moment où va commencer l'accumulation excessive et rapide dont nous venons de calculer la progression d'après des bases irrécusables!

Qu'on juge donc de l'excès d'avilissement dans lequel les sucres vont tomber dès le mois prochain, et toujours en s'abaissant à partir de ce moment.

Cette baisse arriverait dans nos ports bien au-dessous du taux, inouï jusqu'alors, auquel les sucres étaient descendus en octobre 1841, si l'effroi de nos commerçants ne les déterminait pas à continuer de suspendre les envois de navires aux colonies, pour ne pas dépasser toutes les bornes de l'encombrement sur les marchés français.

C'est alors que la ruine passera des ports de France au marché des colonies.

Le prix du sucre aux Antilles, à Cayenne, à Bourbon, va tomber plus bas encore qu'en 1841, qu'en 1840, et qu'en 1839, époques à jamais désastreuses.

Nous supplions le gouvernement d'aviser dans sa sagesse au danger évident des commerçants métropolitains et des producteurs coloniaux.

Le ministère ne peut pas de sang-froid laisser le désastre arriver jusqu'à son dernier terme, si rapproché de nous. Une mesure de prévoyance et de calcul est à prendre : nous l'implorons de la justice, de l'équité, de l'humanité du gouvernement; nous l'invoquons au nom de la plus sage politique.

Notre réclamation n'est pas seulement la prière de la détresse et la supplication du malheur, c'est la réclamation fondée sur les droits acquis, sur les engagements de la mère patrie, et *sur son honneur*, qui lui commande de respecter les droits, la fortune et l'existence de ses enfants d'outre-mer.

Le ministère a deux partis possibles, qu'il peut prendre simultanément, s'il ne veut pas se borner à l'un des deux. Il peut, au moyen d'*un article de loi transitoire, obtenu d'urgence*, accorder un dégrèvement au sucre qui doit être mis en consommation avant l'ouverture de la session prochaine ; il peut *ouvrir les ports des colonies* pour laisser passer à l'étranger le trop plein d'une récolte dont l'abondance, par le résultat funeste de la surcharge des taxes, est la cause d'un excès de ruine dont les colonies, même dans leurs plus mauvais jours, n'avaient pas encore eu d'exemple.

Répétons-le : le gouvernement peut opter entre les deux moyens, s'il ne les réunit pas pour arriver plus vite au but salutaire ; mais il ne peut pas, sans sacrifier d'immenses intérêts métropolitains et coloniaux, s'abstenir de prendre un parti prompt et vigoureux.

Paris, 10 avril 1842.

Pour les membres du Conseil des délégués des colonies,

Le pair de France, grand-officier de la Légion d'honneur, président du Conseil,

Baron CHARLES DUPIN.